APPRENTIS LECTEURS

FÊTES

LA JOURNÉE DE LA MARMOTTE

D1283676

Michelle Aki Becker

Texte français de Dominique Chichera

Éditions
SCHOLASTIC

Catalogage avant publication de Bibliothèque
et Archives Canada

Becker, Michelle Aki, 1976-
La journée de la Marmotte / Michelle Aki Becker;
texte français de Dominique Chichera.

(Apprentis lecteurs. Fêtes)
Traduction de : Groundhog day.
Public cible : Pour les 5-8 ans.
ISBN 978-0-545-99500-9

1. Jour de la Marmotte--Ouvrages pour la jeunesse.
I. Chichera, Dominique II. Titre. III. Collection.

GT4995.G76B4314 2007   j394.261   C2007-903332-6

Conception graphique : Herman Adler Design
Recherche de photos : Caroline Anderson

Sur la photo de la couverture, on voit une marmotte qui mange.

Édition publiée par les Éditions Scholastic,
604, rue King Ouest, Toronto (Ontario) M5V 1E1.

5 4 3 2 1   Imprimé au Canada   07 08 09 10 11

La marmotte verra-t-elle
son ombre cette année?

Les gens fêtent la journée
de la Marmotte le 2 février.

Février 2008

Dimanche	Lundi	Mardi	Mercredi	Jeudi	Vendredi	Samedi
					1	2
3	4	5	6	7	8	9
10	11	12	13	14	15	16
17	18	19	20	21	22	23
24	25	26	27	28	29	

On célèbre la journée de la
Marmotte vers la fin de l'hiver.

Quand l'hiver finira-t-il?
Quand le printemps viendra-t-il?

Tu auras peut-être la réponse à
ces questions le jour de la
Marmotte.

La marmotte est un petit animal à fourrure. Elle vit dans un terrier.

Un terrier est un tunnel qu'elle creuse dans le sol. La marmotte dort ou hiberne tout l'hiver dans son terrier. Elle en sort au printemps.

Des marmottes célèbres vivent au Canada.

En Ontario, il y a Willy à Wiarton et Gary à Kleinburg.

Sam vit dans la réserve faunique de Shubenacadie, en Nouvelle-Écosse.

Dans les Prairies, Billy vit dans la petite ville de Balzac, en Alberta, et Bob, à Brandon, au Manitoba.

Cette marmotte pourra-t-elle dire si l'hiver va encore durer six semaines?

Ce jour-là, les gens se réunissent autour du terrier de Willy, de Sam, de Billy ou de Bob et attendent qu'ils en sortent.

Vont-ils voir leur ombre?

Si le temps est ensoleillé, il y aura de l'ombre. On dit que si la marmotte voit son ombre, l'hiver durera encore six semaines.

Si le temps est nuageux, il n'y
aura pas d'ombre. On dit que si la
marmotte ne voit pas son ombre,
le printemps sera bientôt là.

Quelquefois, la marmotte a raison, et quelquefois, elle se trompe.

On continue de fêter la journée de la Marmotte car c'est toujours un vrai plaisir.

17

Les gens ont commencé à célébrer la journée de la Marmotte en Europe, dans les années 1600.

Mais dans ces pays-là, ce n'était pas une marmotte qui prédisait le temps. C'était un hérisson!

Aux États-Unis, c'est un éditeur, membre du Congrès, qui a établi en 1887 la tradition de la journée de la Marmotte en Pennsylvanie.

Grâce à Phil la marmotte, la petite ville de Punxsutawney est maintenant connue comme la « capitale mondiale de la météo ».

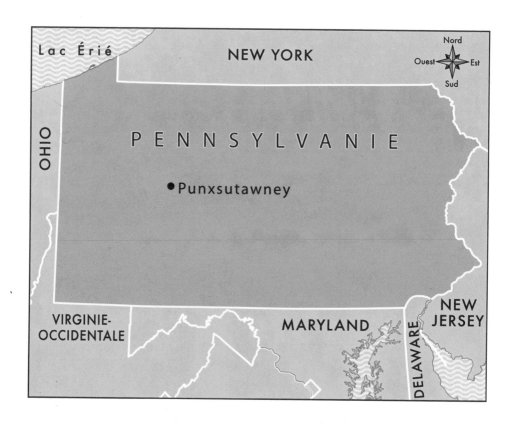

Le jour de la Marmotte, tous les bulletins de nouvelles parlent de Phil et tout le monde peut le voir à la télévision.

De nos jours, des centaines de personnes vont à Punxsutawney pour fêter la journée de la Marmotte.

Phil vit avec deux autres marmottes dans une partie réservée de la bibliothèque de Punxsutawney.

On s'amuse beaucoup pendant la journée de la Marmotte!

Phil va-t-il pouvoir nous dire quand le printemps arrivera cette année?

Les mots que tu connais

journée de la Marmotte

marmotte

hérisson

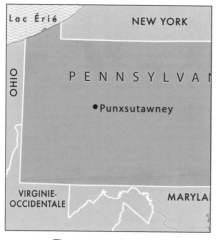

Punxsutawney

ombre

printemps

hiver

31

Index

Références photographiques

Copyright© 2003 pour les photos : Alan Freed/Punxsutawneyphil.com : 24, 27; AP/Wide World Photos/Gene J. Puskar : 12, 13, 29, 30 en haut; Corbis Images : 20 (Bettmann), 3, 30 en bas à gauche (John Conrad), 26 (David Maxwell/AFP); Peter Arnold, Inc/Fred Bruemmer : 8; Photo Researchers, NY/Anne Fournier : 9; PhotoEdit/Spencer Grant : 7, 31 en bas à gauche; The Image Works/Peter Hvizdak : 17; Visuals Unlimited : page couverture, 18, 30 en bas à droite (Joe McDonald), 6, 31 en bas à droite (Jim Whitmer).

Illustrations de Paul Rowntree
Carte de Bob Italiano